AF142523

Camomille

Charmes et Songes Incompris

« Le monument du poète n'est pas la pierre.
Il est fait d'un alliage dans lequel les lecteurs agrègent
amour, espoir et compréhension – ce qui manque le plus
du vivant du poète. »

– Kiril Kadiski

Préambule

Cela n'est pas facile que d'être la personne que je suis. Mais cela n'est pas facile non plus que de côtoyer – et comprendre – la personne que je suis.

La personne que je suis est un Ouragan, un Ouragan dévastateur et impossible à contrôler comme mes émotions et mon anxiété. L'ouragan Camomille est le plus redoutable, le plus pluvieux, le pire de tous. Mais d'où vient-il ? Pourquoi est-il ainsi ? L'Ouragan cherche la réponse, et il l'obtiendra. Le Fantôme, pendant ce temps, viendra consoler ses angoisses, ses angoisses d'apprendre ce qu'il est vraiment, ses angoisses d'apprendre qu'il ne changera jamais.

L'amour pour le Pyromane disparaîtra et fera place à une jalousie, une jalousie terrible du Fantôme si heureux avec sa bien-aimée. L'Ouragan découvrira enfin ce qu'il est, pourquoi il est anxieux, seul, nostalgique, traumatisé... incompris.

Contrairement à *Charmes et Songes Apeurés*, ce second recueil ne sera pas divisé en plusieurs parties différentes. Les poèmes se liront à la suite, classés par ordre chronologique.

Avant de vous laisser vous emporter dans ces 53 poèmes qui vous attendent, je tiens à remercier toutes les personnes qui me soutiennent, parmi mes proches ou via les réseaux sociaux, dans mes projets.

Bonne lecture,

Camomille.

« Aperçu d'un Souvenir Manqué »

10/01/2016

Derrière mon écran, je te regarde au loin,
Je regarde ce à côté de quoi je suis passée,
Ce que je ne t'ai pas laissé le temps de m'offrir,
Je regarde ces photos qui apparaissent sous mon nez
Comme des gifles, des claques, des coups de poing,
Qui me font mourir de honte en repensant
À quel point j'ai été odieuse, comment j'ai fait de toi mon
« bouc émissaire »,
Je n'ai jamais été cette « méchante », ce monstre terrifiant,
Je suis désolée de t'avoir prouvé le contraire.

J'en ai assez de pleurer sur ta tombe chaque soir,
De vouloir étrangler mon reflet dans le miroir,
De me rappeler à mon insu chaque nuit
Tout ce que j'ai détruit.

« Cendres »

27/03/2016

Trois heures du matin,
Je n'ai toujours pas mangé,
J'ai sommeil mais je n'ai plus faim
Alors je saute tous mes dîners.

C'est que c'est difficile d'oublier
Que l'on ne s'aime point,
Ce n'est pas facile d'effacer
Les souvenirs malsains.

Ça me manque, si vous saviez,
Que l'on me tienne par la main,
Être bercée d'amour et guidée,
Qu'on touche mon petit corps d'humain.

C'est vide, autour.
Froid, distant.
Il n'y a personne, ils sont tous sortis faire un tour
Loin de moi, avant que je redevienne un ouragan.

J'oublie l'espoir d'une caresse, d'un câlin,
L'ocytocine n'est pas pour moi ce soir ;
J'imagine que le Bûcher s'est finalement éteint,
Carolyn s'est montrée et m'a plongée dans le noir.

« Haine-Propre »

27/03/2016

À mes proches,
Aux inconnus,
Aux moins proches,
Aux gens que j'ai déçus,
À ma famille,
À mes.. amis.

Si vous saviez à quel point c'est terrible d'être la personne
que je suis.
Je ne parle pas de ce que j'ai vécu, ni de ce que je subis,

Je regrette tout ce que je fais,
Je regrette tout ce que je dis,
Je fais fuir tous ceux que j'aimais,
Je fais fuir chaque possible ami.

Je regrette tout ce que j'étais,
Je regrette tout ce que je suis,
Je fais fuir tout ce qui me plaît,
Je fais fuir, pourtant j'essaye de faire sourire.

C'est terrible d'être.. moi ;
Je n'ai même point de mots pour le décrire,
C'est si spécial et agaçant, parfois,
Quand j'imagine à quel point l'on peut me haïr.

Je me demande, souvent, et chaque nuit,

Ce qui me retient de me fracasser le crâne contre un mur
Excepté l'instinct de survie ;
Ce n'est certainement pas l'amour-propre, cela est sûr.

Les reproches, les moqueries ne me blessent plus,
Car rien désormais ne m'atteint d'avantage
Que le mépris et la colère que je m'attribue,
Qui nourrissent mes idées suicidaires et mon éternelle rage.

« Madame Nostalgie »

05/04/2016

Ça m'avait manqué, d'écrire. Ça me manque toujours. Ça me manque de ressentir si rarement les touches du clavier s'écraser sous mes doigts, voir les pages se noircir les unes après les autres, les histoires se construire, mes pensées et le fin-fond de mon âme s'étaler ainsi sur une feuille virtuelle, ou une feuille de papier, ou les tissus qui recouvrent ma chair lorsque je n'ai d'autre moyen. Je suis atteinte du pire syndrome de tous les temps. Le syndrome de la page blanche.

Mes pensées et mes aspirations s'accumulent dans mon esprit, se répètent sans cesse, me fatiguent. Elles m'empêchent de m'endormir, de me réveiller, de manger, de m'arrêter d'ingurgiter divers aliments inutiles à ma santé. Les pires de toutes ces pensées, ce sont les souvenirs. Ces agaçants souvenirs, ces images qui défilent sous mes yeux en permanence, ces promesses perdues qui forment écho dans ma boîte crânienne, ces odeurs que je tente vainement d'inspirer, ces goûts qui manquent à ma langue, ces caresses oubliées qui manquent de peu me faire frémir aujourd'hui encore. Il paraît qu'on appelle ça la « nostalgie ». Hé bien, Nostalgie, va-t-en. Et emmène Solitude et Anxiété au passage, ça me ferait bien des vacances. Allez, Camomile Nostalgia, que je ne te vois plus ici, que Lily Loneliness et Carolyn Anxiety s'en aillent avec toi, vous me fatiguez, toutes les trois.

Pars, loin. Chaque soir, à cause de toi,
Je revois la nuit étoilée dans le feu en juillet,

Je me souviens des éclats de rire, cet été là,
Je me rappelle de ceux que j'ai laissé tomber
Quand ils avaient besoin de moi,
Et par dessous tout je me rappelle
Que je ne m'aime pas.

J'aimerais nager dans une encre aux fonctions thérapeutiques, comme celle qui nourrissait ma plume autrefois. Une encre qui me vide de ces émotions périmées, que j'ai usées mille fois, qui se répètent dans ma tête comme un veux disque rayé, le même disque qui me fait danser depuis que le Fantôme m'avait quittée, depuis que je tourbillonne en remuant les derniers espoirs de l'été.

Depuis que je suis petite, tu me fais pleurer,
De joie ou de peine, c'est toujours la même histoire :
Souvenirs bons ou mauvais, tu me fais regretter,
Ce que je suis, ce que j'ai fait, tu plonges mon présent dans le noir.

« Bonnet d'Âne »

14/04/2016

Je dois porter le bonnet d'âne
Parce-que je rêvasse,
Que j'imagine et que je plane,
Que j'en ai assez d'être en classe.

J'avoue, je n'aime point le programme
De l'Éducation Nationale,
Par cœur et bourrage de crâne
Me discriminent car paraît-il je suis bancale.

Qu'on lise les livres entre les lignes,
L'Éducation n'en est pas digne,
Alors, que l'on aime sans compter,
Que l'on colore les cahiers,
Que l'on noircisse le papier,
Que l'on nous laisse imaginer,
Grandir sans être formaté,
Conditionné, déshumanisé,
Construire notre personnalité ;
Éducation, tu m'écœures :
Laisse-moi apprendre avec le cœur.

« Nostalgie »

15/04/2016

Mes pas sont guidés par une lueur d'autrefois,
Des craquements chaleureux, des éclats de rire,
Un Bûcher éclairant la voie,
Un feu de camp dans mes souvenirs.

Au bout du tunnel l'on verra
Un soir d'été embrasé ou un hiver pas si difficile que ça,
Un Fantôme abandonné ou une présence que l'on promet
Une de ces soirées consolées, apaisées, téléphonées.

De l'autre côté se trouve parfois
Londres ou Cambridge ou l'après
Ou l'air iodé de Bretagne et son aura
Ou les ajoncs d'Irlande et les moutons sur les falaises ou
dans les prés.

Mais à l'arrivée se trouve surtout
Une vieille amie plus douce que les autres Solitude et
Anxiété,
Mes yeux sont éblouis quand j'arrive au bout,
Je te salue, Camomile Nostalgia, toi et ta mémoire d'acier.

« La Chemise »

28/04/2016

La chemise était rouge, elle n'était pas orange,
Ma cervelle se bouge, ma mémoire fait des mélanges,
Mais les images ce soir sont à nouveau claires dans mon esprit,
La chemise, le regard, le feu, les cendres, les rires, le bruit.

Je l'avoue, le flashback fût surprenant,
Je l'admets, face à ces images, mon cœur fût plus battant,
Il a dû se rallumer, le feu que j'avais éteint,
Quand je t'ai revu à l'instant où nous nous sommes étreints.

De même lorsqu'on m'a annoncé que tu plaisais bien,
Je me suis sentie envieuse de cette fille qui avait encore toutes ses chances, car tu ne la connais point,
Tandis que moi j'ai loupé mon opportunité, à l'époque où j'étais encore quelqu'un
De désirable, avant que l'Ouragan ne se déclare ; je ne ferai pas de dessin.

Ce qui me fend le cœur désormais n'est que de savoir
Que si j'avais prit une autre route, si j'avais suivi ton chemin
Cet été ce bûcher cette soirée cette nuit-là ce soir
J'aurais sans doute eu un avenir à tes côtés, un meilleur destin.

Nous aurions été amis, peut-être un peu plus encore,
Je t'aurais raconté ma vie, mon histoire un peu triste et

parfois gore,
Tu m'aurais raconté la tienne, et tes désirs insatisfaits,
Nous aurions traversé des nuits, entières, à rêver ensemble
comme n'importe quel jeune le ferait.

Nous nous serions chamaillés, séparés, revenus,
J'aurais été plus heureuse, moins seule, moins déçue,
Nous aurions ri, surtout, ri de bon cœur et de bon-vivant
Face aux aléas de la vie, de la Terre et des Ouragans.

« Les Braises »

10/05/2016

Les braises de juillet vont-elles se raviver un jour ?
Pourrai-je enfin sans gêne ni peur te dire « bonjour » ?
Sans hésiter ni paniquer par peur d'être rejetée ?
Ma parano que l'on commère à mon sujet pourra-t-elle s'en aller ?

Les braises vont-elle se rallumer à la chaleur du prochain été ?
Août, mai, juin, juillet ; sont-ce les mois des secondes chances ?
Les mois où les peines sont allégées, où le temps est arrêté ?
Où l'on réessaye, l'on espère, l'on recommence ?

Tout le monde a-t-il vraiment remarqué
Mes gestes, mon souffle, mes pupilles dilatées ?
Je pensais mes symptômes d'amour discrets,
Mais l'étincelle donne le feu et j'ai été trahie par la fumée.

Je veux mettre au placard ces amours insensés,
Ces amours adolescents inutiles et surdimensionnés
Ces amourettes stupides et puériles qui ne connaissent la maturité,
Ces fleurs, comme l'on dit, qui fanent à la première ventée.

Là-bas, dans l'Ailleurs-Land, là où pullulent les ajoncs,
J'espérais oublier plus que tout ton existence

En contemplant la mer, les falaises, les clôtures, les moutons ;
Mais tout ceci n'a su que renforcer ton absence.

Raviver les braises, raviver les braises,
Recréer les étincelles, les étincelles d'autrefois,
Rallumer le feu, (pas celui de deux-mille-seize),
Rallumer le feu pour éclairer la voie,
En allumer d'autres, danser autour des feux de joie,
Danser, rire, se rendre ridicule,
Rire du monde, rire de tout, rire de soi,
De soi, surtout, parce-que je suis nulle ;
S'oublier, rêver au crépuscule,
Sortir, profiter, en supportant la canicule,
Oser te proposer tout ça comme j'aurais dû il y a longtemps,
Peut-être en serai-je enfin capable ? J'attendrai la fin du printemps.

« Les Allumettes »

17/05/2016

Brisez les allumettes,
Le feu s'est finalement éteint,
Pour de bon, cette fois-ci,
De toute manière je n'espérais rien.

Les souvenirs sonnent désormais différemment dans mon
esprit :
Les odeurs de fumée et de baraques à frites sont fades et
banales,
La vision de la canette de thé glacé, des cendres
virevoltantes dans la nuit,
Ne sont plus qu'un déchet comme un autre et des écailles de
bois brûlé tout-à-fait normales ;
La chaleur des braises et du feu sont factices :
Je ne me souviens plus que des moments où j'avais froid,
Le fait que tu me proposes ta chemise
N'est plus qu'un acte de gentillesse, il n'est plus rien que
pour moi.
Et quand loin de la foule, tu m'as tendu tes bras !
Dire que j'ai si longtemps accordé de mon temps à penser à
ça,
Je me rends compte, maintenant :
Je crois que ce n'était qu'un rêve, impossible, autrement.

Que je suis idiote de penser encore
Que l'on peut m'apprécier,
Sans rancœur, sans remords

De m'avoir rencontrée.

Je vais briser mes allumettes,
(Le feu s'est finalement éteint,
Le bûcher et ses souvenirs avec)
De toute façon, elles ne serviront plus à rien.

« La Gourmette »

18/05/2016

J'ai fait un rêve, cet après-midi.
C'était doux, tout était comme avant ;
Enfin... pas totalement.
Tu étais encore avec cette fille,
Et nous deux, pourtant,
Nous tombions amoureux ;
À nouveau.

Nous étions allongés ensemble,
Comme à l'époque,
Et je ne me suis jamais sentie aussi bien.
J'étais dans tes bras, tu me rassurais et on riait pour rien.
Je retombais amoureuse.

Je me demandais, malgré tout :
« Mais.. et sa copine ? »
Et je crois que je t'ai posé la question au bout d'un moment.
Tu m'as répondu que ça n'allait plus, entre vous ;
Et il me semble que, l'espace d'un instant,
Tu as dit que tu allais la quitter.
J'ai pensé que tu la quitterais pour moi.

Haha, oui, c'est vrai, j'avais confiance en moi dans ce rêve ;
Et j'ai osé penser cela sans m'en vouloir.
J'aimerais être confiante, comme ça...
Je l'étais, quand tu étais encore là.

Ta gourmette, pourquoi le lui as-tu donné ? À ton amie ?
J'ai eu un vertige de la voir à son poignet.
Elle était si importante à mes yeux, tu ne peux pas t'imaginer.
Je me souviens m'être réveillée, des matins, et je la sentais plus,
(Tu sais, quand on enlève jamais un bijou, on le sent même plus par moments,
Il fait intégralement partie de nous, officiellement),
Et je paniquais, j'avais peur, comme si c'était toi qui était parti,
Et puis je vérifiais, et je la voyais, là, sur mon poignet,
Et ça allait mieux.

Cette gourmette, c'est elle qui me rassurait, tout le temps.
Je jouais avec, je la tortillais dans mes doigts quand j'étais anxieuse,
Mais surtout, quand je me sentais seule, et même quand c'était
(Enfin, quand je croyais que c'était) de ta faute,
Que j'étais folle de rage contre toi, dans une colère pas possible,
Je la serrais contre moi, et elle me rappelait que je n'étais pas seule.

Depuis que tu es parti...
Que je t'ai poussé à partir ;
Il n'y a plus personne.
Je suis toute seule.
J'aimerais un autre message...

« Deux plus Un égal Cinq »

22/05/2016

Deux et un font cinq :
Tous les menteurs trinquent
Pendant que nous les écoutons,
Depuis chez nous, avec attention.

Quatre et cinq font dix :
Les pauvres français croupissent
Sous un tonnerre de contre-information
Pour retarder au plus la révolution.

Un et quatre font trois :
La dictature au 49.3,
C'est ainsi qu'on applique la loi
Quand le peuple ne se soumet pas.

Huit et sept font un :
Nous ne mentirons point,
Élevez donc votre voix :
Deux et un font trois.

« La Vieille Époque »

23/05/2016

C'était l'époque des sacs de couchage,
L'époque du soleil assommant dans le ciel de juillet,
Il faut remonter des chapitres, retourner beaucoup de pages,
Pour relire le passage de ma vie qui me plaît.

C'était l'époque du camping,
L'époque des mini-golfs, des bowlings,
Les vacances sans sable ni eau salée,
Mais l'eau des lacs et celle des piscines : chlorée.

C'était l'époque des webcaméras
Toute la nuit durant,
En cachette, sous les draps,
Sans se faire prendre par nos parents.

C'était l'époque des rires et des éclats de joie,
L'époque où je savais te faire sourire,
C'était l'époque des feux de bois,
L'époque des esclaffes à mourir.

C'est si bon de tomber amoureux,
Ensemble, dans ces mêmes moments joyeux ;
Sentiments croissants à deux
Sont les souvenirs les plus heureux.

« Insolation »

28/05/2016

J'ai longtemps attendu l'été
J'ai eu hâte de ressentir la chaleur ;
Mais celle-ci m'a brûlée,
Brûlé le corps et m'a brouillée de l'intérieur.

C'est qu'à trop rêver
Souvent, je me torture le cœur
À m'en assommer,
À m'en faire rouler les pleurs.

À vouloir atteindre le soleil
Je finis par m'attirer la pluie,
Je me grille déjà les ailes :
Je n'ai même pas deux décennies.

« Et tu me serrais fort »

30/05/2016

Et tu me serrais fort, fort dans tes bras,
Tes lèvres étaient douces comme du coton
Et ta voix chaleureuse comme un feu de bois,
Tes baisers goûtaient l'amour
Et j'étais accro à ton humour.

« Hyperémotive »

30/05/2016

J'ai d'abord pensé à toi
Dans le passage du vent,
Maintenant que tu n'es plus là
Pour calmer les Ouragans.

C'est à toi que j'ai pensé
Dans un premier temps,
Quand on m'a annoncé
Que l'on m'a tant aimée.

Oh, vieil ami, est-ce que tu m'entends ?
Là où je t'ai quitté, il y a bien longtemps,
Je fais les cent pas et je t'attends.

Je me noie dans mes larmes, comme toujours,
Je suffoque dans le tourbillon ;
Je ne sais admettre l'amour,
Je submerge dans mes émotions.

« "Aimer" au Conditionnel Présent »

08/06/2016

J'aurais voulu t'aimer comme ça,
J'aurais voulu t'aimer comme elle :
T'aimer sans penser à moi,
Sans ajouter mon grain de sel.

J'aurais voulu te dire combien
J'aimais quand tu me serrais dans tes bras
Quand on s'allongeait sans plus penser à rien,
Tu me serrais, serrais, et j'étouffais presque, parfois.

J'aimerais que tu saches à quel point
J'aimais quand tu toquais à ma porte sitôt que je t'avais
appelé,
Quand tu me disais que tout va bien
Et que je devais cesser de pleurer.

Je voudrais que tu saches comment
J'aime quand tu me regardes de tes yeux
Aussi bleus que l'océan,
Quand je te parle, l'air de dire que tout ira pour le mieux.

Je souhaiterais que tu sois au courant
Que je t'aimais plus que la glace à la vanille,
Plus que la nature, le punk-rock et les séries,
Plus encore que les livres et la grasse matinée
Plus encore qu'écrire : je préférais t'aimer.

Tu étais ma première pensée le matin
Et mon premier souci le lendemain,
Tu étais mon ami, mon copain :
J'aurais préféré crever
Que de te laisser tomber
Comme je l'ai lamentablement fait.

Je voudrais que tu saches
Comme je m'en veux d'être si lâche,
Le bonheur, toujours, je le gâche,
À chaque fois, oui ; pauvre tâche.

J'aimais tes caresses et tes blagues,
Ta confiance et notre paresse,
Mais j'ai enclenché une vague
Qui a noyé notre amour dans la détresse.

Je n'aimais pas dire « je t'aime »
Et encore moins qu'on me le dise,
Je m'en veux pour ce blasphème,
Je veux corriger ma bêtise :
Laisse-moi te dire, en poème
Que j'aurais voulu mieux t'aimer,
T'aimer comme ça, comme elle,
Sans penser à moi, sans mon grain de sel,
Mais surtout, te le dire.

« L'Orage »

08/06/2016

L'Ouragan t'agace, on dirait,
Alors que le temps passe
Et je suis toujours en retrait.

Tu t'énerves et tu t'acharnes, t'acharnes encore,
Tu te moques de moi avec la loi du plus fort
Dans des débats stériles qui me poussent au bord
De la colère noire comme les orages qui grondent dehors.

« Ton Poème »

13/06/2016

C'est sans tes bras, sans ton regard,
Ton regard bleu
Quand tu me fixais droit dans les yeux,
Sans ta tristesse quand tu pars
Loin de moi
Et de ma paranoïa,
Que le cœur soulevé
Et les joues toutes mouillées,
Je dois affronter tout ça,
Tu sais les gens qui ne m'aiment pas
Et les rendez-vous chez le docteur de la tête,
Et mon anxiété, mon désarroi,
Ma peur du monde qui s'arrête
De tourner.
Je n'aime pas quand tu t'en vas
Et surtout quand tu emmènes avec toi
Tout ce que tu m'avais donné : un livre, une gourmette.

C'est sans tes mains, sans ton soutien,
Ton sourire qui dit que tout va bien,
Sans tes caresses ni tes câlins,
Sans ta gentillesse, ta bienveillance,
Qu'il faut que j'avance,
Pleine de méfiance,
Sans assurance,
Sans attirance
Pour plus personne,

Parce-que ce jour où je t'ai dit
Droit dans les yeux : « tout le monde m'abandonne »
Quelque-chose en moi a pourri,
Je me suis sentie coupable et moisie,
Et cinq mois durant, tout l'hiver, j'ai dépéri.

J'avance sans attirance pour plus personne
Parce-que je n'aime pas comment tu la regardes,
Je n'aime pas tout ce qu'elle te donne
Car j'aurais pu le faire aussi.
Je n'aime pas son sommeil, comme tu le gardes,
Je n'ose imaginer comme tu l'observes une fois qu'elle s'est
endormie,
Tandis que, les poings crispés, je subis mes insoutenables
insomnies.
Je n'aime pas comment tu la serres, comment tu lui parles,
comment tu l'aimes !
Je n'aime pas comme elle te resserre, comme elle te parle,
comme elle t'aime :
Je m'en veux tant de n'avoir su le faire quand c'était moi,
ton poème.

« Sans Rien »

16/06/2016

Tu es parti et tu as emmené avec toi
Ton livre, ta gourmette, ton odeur dans mes draps,
Ta chemise avec mon parfum dessus, dessous,
Celui que tu aimais sentir au creux de mon cou.

Tu t'en es allé et tu ne m'as rien laissé :
Pas un objet, ni de bijou, pas même un dernier baiser ;
Pas un linge, pas un cheveu, pas l'ombre d'un sourire,
Pas une photo, pas un jeu vidéo, pas le moindre souvenir.

Alors je m'agenouille sur le matelas
Où j'avais l'habitude de me lover dans tes bras,
Et je laisse sur mes joues couler l'eau salée
En pensant que jamais je n'aurais dû te laisser.

Alors je m'allonge sur le lit
Où nous riions jusqu'à minuit,
Et je laisse sur mon cou couler l'eau salée
En pensant que jamais je n'aurais dû t'abandonner.

Alors je me recroqueville sur la mezzanine
Où je m'appelais encore « Caroline »,
Et je laisse sur mes seins couler l'eau salée
En pensant que jamais je n'aurais dû te disputer.

Alors je m'étale sur la literie
Où nous nous retrouvions,et mon chat aussi,

Et je laisse sur mon ventre couler l'eau salée
En pensant que jamais je n'aurais dû faire tout ce que j'ai
fait
Tout au long de ma vie,
En pensant que je hais
Tous mes actes et tout ce que je suis.

« Un Jour mon Punk Viendra »

17/06/2016

Dans deux ans je vais rencontrer
La plus belle de mes amitiés :
Il aura 20 ans et j'en aurai 18,
Il chassera la peine qui m'habite.

On s'enverra des baisers et des cartes postales,
On se manquera toujours, on fera l'amour sous les étoiles.

Il aimera le punk des années 80,
J'aimerai celui des 90 et de 2000,
On se chamaillera pour rien
Et je serai moins fragile.

Je lui tiendrai la main
Lorsqu'il n'ira pas bien
Et il essuiera mes larmes
Et le vacarme
De mon esprit.

Je serai à son chevet
Quand il tombera malade
Je lui apporterai
De la tisane de camomille avec de la cassonade.

Il sera anarchiste et anticonformiste
Il jettera ses Converse pourries sur les fils électriques
Je lui dirai que je les aurais gardées

Car je me fiche de porter des pompes défoncées.

Quand on sera triste, on dansera
Sur 21st Century Breakdown de Green Day, oui, tout l'album !
En cassant des vases et en buvant du rhum
Pour oublier nos tracas.

Ses cheveux seront ébouriffés
Et les miens violets,
Il portera des t-shirts lâches comme son corps
Et quand j'irai mal il se demandera si je l'aime encore.

Mais surtout, on fera un beau couple anormal,
Idéal, artistique, théâtral, fantastique, triomphal,

On s'enverra des baisers et des cartes postales,
On se manquera toujours, on fera l'amour sous les étoiles.

« Psychiatrie »

19/06/2016

J'ai peur
J'ai peur d'être hospitalisée,
J'ai peur que ma douleur
Ne passe jamais.

J'ai peur
J'ai peur de passer mon test
D'intelligence,
J'ai peur que mes peines restent,
Connaissant ma chance.

J'ai peur
De devoir prendre des médicaments
De toutes les couleurs :
Des antidépresseurs
Et dans anxiolytiques
Pour soulager mon cœur
De la panique.

J'ai peur
J'ai peur du diagnostic
J'ai peur que l'on me dise
Que je suis bipolaire,
Pathologiquement anxieuse, intello.

J'ai peur
J'ai peur de pas plaire

Avec ma nouvelle étiquette.

J'ai peur
J'ai peur de mon cerveau
Et de toutes ses facettes
Ses anomalies, ses bobos.

J'ai peur
Que personne ne viennent me voir
Dans ma chambre à l'hôpital,
À mon chevet, s'asseoir,
Me porter un regard amical.

J'ai peur,
J'aimerais que quelqu'un
Soit là jusqu'à la fin
Pour me tenir la main
Quand on m'annoncera mon destin.

« Q.I »

24/06/2016

Est-ce que l'intelligence
Se mesure à ce qu'on pense ?
Et pourquoi certains cerveaux,
Plus que d'autres, sont un peu sots ?

Passer mon test de Q.I
Va-t-il dire ce que je suis ?
Et dire ce que je suis
Va-t-il donner un sens à ma vie ?

Je t'en prie dis-moi pourquoi
Je me sens différente comme ça,
Et puis toi, c'est quoi
Qui t'a conduit là-bas ?
Dans des bureaux de psys
Pour mesurer ton Q.I.

Est-ce qu'on s'est déjà moqué
De ta face de zèbre ?
Étais-tu donc accepté ?
N'as-tu eu un passé funèbre ?

Et puis si tu as toujours été heureux,
Pourquoi ne l'ais-je pas été ?
Pourquoi suis-je un être anxieux
Sensible, incompris, mal aimé ?

Je voulais connaître mon Q.I
Mais je suis terrifiée ;
Ce soir là, quand tu m'as dit
Que je te ressemblais,
Étais-tu bien sûr de ce que tu racontais ?
Es-tu toujours sûr que moi aussi
Je suis un « enfant précoce » ?
Tu sais les personnes malheureuses
Depuis qu'elles sont gosses.

Avant que je ne m'assois pour deux heures
Au bureau du docteur
Assembler des triangles, des carrés
Raisonner, calculer, dénombrer
Je voudrais que ce soit toi qui patiente
A côté, dans la salle d'attente.

« Je Voudrais »

26/06/2016

Je voudrais colorier des sourires
Sur les lèvres des gens,
Les faire éclater de rire
En dessinant.

Je voudrais écrire des poésies,
Pas celles dont j'ai l'habitude :
Pleines de mélancolie
Témoignant ma lassitude.

Je voudrais fabriquer des couronnes de fleurs
Et les déposer sur les cercueils glauques du passé
Pour y apporter un peu de bonheur
Au lieu de l'enterrer.

« L'Épaule »

27/06/2016

Je pleure sur l'épaule de ma Solitude
En attendant de trouver des gens comme moi,
Des gens qui ont bien l'habitude
De se perdre dans les bois.

Ma Nostalgie me tient la main d'un regard confiant,
Elle caresse mes cheveux comme pour me rassurer,
Repasse sous mes yeux les plus beaux jours de ma vie en
attendant
Que d'autres comme ceux-ci fleurissent tels coquelicots
dans les prés.

Cependant je suis torturée par mon Anxiété :
Elle me raidit le corps et m'empêche de dormir
Avec ses questions entêtantes qui me maintiennent alertée,
Son imagination débordante qui me fait peur de l'avenir.

Alors je pleure sur l'épaule de ma Solitude
En attendant de trouver quelqu'un comme toi,
Quelqu'un qui sait quelle attitude
Adopter quand Carolyn est là.

« Alien Temporel »

05/07/2016

J'ai peur
J'ai peur que le temps passe,
J'ai peur de finir lasse :
Le temps presse,
J'ai peur de passer à côté
De ma jeunesse.

J'ai 16 ans qui ne sont pas de ce monde,
16 ans aux besoins d'enfant et aux pensées immondes
D'ancien combattant mélancolique
Comme si j'avais fait la guerre médique.

J'ai 16 ans absents sur cette maudite planète :
Où sont les fous-rires, l'insouciance, les amourettes ?
16 années extraterrestres qui n'envahiront pas la Terre :
Je finirai comme j'ai commencé : dans ma chambre où je
désespère.

Je ne suis pas en phase avec mes quelques copains :
Leurs blagues ne sont pas drôles, leurs bêtises ne servent à
rien ;
Les plus vieux ont disparu - les seuls qui m'amusaient
vraiment,
Alors, prise au dépourvu, je pleure leur absence en écrivant.

Ils deviennent adultes, et je suis coincée dans mes 16 ans,
Ils passent leur bac, conduisent des voitures, commencent

leurs études
Ils s'amusent, une dernière fois adolescents,
Tandis que je m'ennuie dans mon infinie solitude.

J'ai 16 ans d'artiste : 16 ans toute seule,
16 sans aucun ami, 16 sans me bourrer la gueule,
16 sans sortir le soir.. ni la journée, d'ailleurs :
16 ans totalement perdus, sans connaître le bonheur.

« Yin Yang »

09/07/2016

Je voudrais pouvoir te dire
Combien pèsent tous mes mots
Pour t'avouer, sans mentir :
Tu es mon souvenir le plus beau.

Il semblerait que finalement,
Aussi différents que le Yin et le Yang,
On pouvait s'aimer plus fort que le Big-bang
Et faire face aux Ouragans.

Je t'ai rencontré cet été
Où tout a changé ;
Je devais aller sur scène
Pour danser.

Je t'ai revu ensuite en spectatrice
Au théâtre, où je t'observais,
Intriguée, par ton regard complice
Et ton sourire bien vrai.

Un soir de juillet
Dans la nuit enflammée
Tu m'as présenté ton ami :
Et alors qu'étincelait le Bûcher
Je crus avoir bien vite compris
Qu'un jour, tomberai-je amoureuse de lui.

Mais bien vite sont arrivés les feux de camp
Et les lacs, et les piscines, et les toiles de tente,
Comme celle-ci où je me dis, finalement
Que « c'est ton âme, tes yeux bleus qui me hantent ».

Alors nous nous sommes rapprochés
En dormant ensemble, couverts par le ciel étoilé
Et dans mon corps, les frissons se sont multipliés,
Et puis de retour à la maison
Nous nous revoyions
À travers nos écrans
Et je revois
Nos jeux d'enfants
Et les éclats de joie
Et toute la nuit durant
Riant discrètement
Derrière nos webcaméras,
Ayant peur de nos parents
Et de leurs réprimandes.

Et puis, bêtement, tu es tombé amoureux ;
Et puis, bêtement, je suis rentrée dans ton jeu ;
Et là, le Yin et le Yang
Se sont aimé plus fort
Que le Big-bang !
Et en demandèrent encore.

Mais le Yin, rapidement,
Changea de comportement :
Il devint triste et mit la faute sur le Yang
Il lui tirait toute sa haine : bang, bang.

Le Yin devint froid et distant,
Paranoïaque et angoissé, il parti
Sur le chemin de la déception, pleurant,
Et ses larmes, trop injustes, provoquèrent un Ouragan.

Le Yin dans la montagne se promenant
Après une autre déception irraisonnée,
Vit sur un arbre au sommet se poser
Un corbeau.

De retour chez lui, le Yin mélancolique
Saisit vite peinture et pinceaux,
Et de la scène symbolique
Il en fît un tableau.

Le Yang, désemparé
Ne su comment apaiser
Le Yin, qui l'a quitté
Pour un ennui monotone
Où pleurent les feuilles d'automne.

C'est à la fin de septembre
Que le Yin et le Yang se sont quittés ;
Pour devenir chacun membre
D'une autre vie, pour les changer.

Alors le Yang s'est dirigé
Vers des routes plus éclairées
Pour trouver un jour le bonheur
Et une nouvelle bien-aimée.

Mais le Yin, cependant
Dans la nuit s'est égaré :
Il est tombé dans un ravin où avec l'Ouragan
Il aimait valser sur un vieux disque rayé.

Alors le Yang, s'élevant vers le ciel,
Plein de chance, atteint presque le Soleil,
Une réussite sans embûches, ni inquiétude,
Mais c'était dans sa nature : il en avait l'habitude.

Mais le Yin, six pieds sous terre s'enfonçait
Vide d'envie, contemplait la Lune
Qu'on ne lui avait pas décroché
Et son Anxiété vint lui dire que chance, il n'en aura aucune.

Le Yin s'ennuya longtemps dans son hiver
Avec comme seule amie sa propre Solitude,
Il pleura dans ce monde qui n'était pas fait pour lui plaire,
Il oublia le temps pour ne pas mesurer sa lassitude.

Alors, Yang, je te dis
Combien pèsent tous mes mots,
Et je t'avoue, sans mentir :
Pour moi, Yin, tu es ce qu'il y a de plus beau.

« Insouciants »

13/07/2016

Une musique m'inspire des relents d'adolescence orchestrée
Par l'amour de l'insouciance et de l'enfance délaissée
Pour des nuits torrides et des soirées alcoolisées
Afin d'oublier qu'à cet âge l'immaturité
Est un cadeau précieux que certains individus,
Déçus, n'ont, malheureusement pour eux, pas reçu.

« Sans Sortir »

13/07/2016

Seule avec mon désespoir, mon supplice
De rester sans personne pour consoler mon mal-être
Je regarderai sans doute les feux d'artifice
Depuis l'encadrement de ma fenêtre.

« Triste 14 Juillet »

13/07/2016

Je suis allée seule à la Fête Nationale
Ce soir un peu trop humide, un peu trop froid,
Mais il semblerait qu'au final
Je ne sais pas ce que je fais là.

Alors je me suis assise à une table vide
Et j'ai regardé les gens
Dansant, buvant, s'amusant
Tandis que, livide,
J'espérais trouver un ami, désespérément.

Partout autour de moi, il y a certaines personnes
Qui me regardent bizarrement,
Il y a quelque-chose qui sonne
Injuste : est-ce un crime que d'être seul, différent ?

Avec espoir, je vérifie mon téléphone, souvent :
Mais le temps a beau passer et j'ai beau noircir des pages :
Je ne reçois toujours aucun appel, aucun message.

Et puis voilà encore tous ces inconnus qui me dévisagent !
Pardon d'être jeune sans ami, d'être jeune un peu trop sage !
Passez donc votre chemin
Sans me fixer ainsi, enfin.

À mes côtés, j'imagine mes compagnons du Bûcher :

Le Fantôme, sa copine, son ami aux cheveux bouclés ;
C'est vrai qu'à cette époque, tout était sur le point de
changer
Pour mon meilleur souvenir, le plus beau de mes étés.
Mais 2 ans ont passé et me voilà accompagnée
De ma pauvre Solitude, ma Nostalgie, mon Anxiété.

Il a plu et je suis glacée
Mais je n'ai personne, cette année
Pour m'aider à me réchauffer :
Pas un camarade pour me prêter
Une veste, un pull, un gilet ;
Pas un amour pour m'enlacer.

Je finis ce poème avec encore d'autres regards déplacés
(Ces mêmes regards qui m'ont toujours accompagnée),
Tout ça parce-que je me suis pointée
Toute seule au 14 juillet.

« Point de Visites »

19/07/2016

Ma valise est bouclée,
Je m'en vais explorer
Les tréfonds de ma personnalité
Et donner un sens à ma vie si compliquée.

Tu m'avais dit que tu viendrais
Me voir mais tu pourras pas,
Alors viens après, s'il-te-plaît :
Personne d'autre ne voudra.

C'est bien ce que je me disais :
« Bien trop beau pour être vrai »,
Ta future absence est un retour brutal à la réalité :
On me laissera toute seule avec mon Anxiété.

Mais alors qui tiendra ma main
Pour faire fuir mon effroi assassin ?
Qui me sourira afin
De consoler mon chagrin ?

J'écoute encore et encore
Cette chanson des Trois Accords :
« Parle-moi du mauvais temps
Et fais-moi penser à rien
Si je ressors en pleurant
Du bureau du médecin ».

« L'Ami Imaginaire »

19/07/2016

J'aimais bien avoir le droit de penser
Que je disposais de quelqu'un à appeler
Le soir, lorsque je me mettais à pleurer.

Elle était belle, l'illusion
D'avoir une consolation,
Un ami à qui parler
Quand mes yeux sont tout mouillés.

J'avais trop vite prit l'habitude
De l'appeler dès que possible
Pour faire fuir ma Solitude
Et mon Anxiété impossible.

Ses paroles douces m'apaisaient
Et combattaient mes insomnies,
En lisant ses mots, je m'endormais
Avant d'avoir souhaité « bonne nuit ».

« Déchue Encore »

20/07/2016

Nous aurions dû nous voir
Mais personne n'est venu ;
Sous la chaleur je me laisse choir,
J'en ai assez d'être déçue.

« Des Fleurs, des Amourettes »

23/07/2016

Je crois avoir une pathologie
Que l'on appelle « l'amour »,
Vous savez, la maladie
Du cœur qui devient tambour.

Dans la forêt, j'ai cueilli
Coquelicots et camomilles,
Et d'autres fleurs, aussi
Les unes que les autres, jolies.

Leurs pétales sont doux sur ma peau
Comme tes caresses d'antan,
Leur pollen est aussi beau
Que notre amitié d'avant.

« Absent »

26/07/2016

note aux lecteurs : dans le poème original, c'est le véritable prénom du Fantôme qui se répète en début de vers. Cependant, pour des raisons de confidentialité, j'ai choisi de remplacer celui-ci par le surnom « l'absent ».

L'absent, l'absent tu me manques, tu sais.
L'absent, l'absent toi et ton regard qui me rassurait.
L'absent, l'absent, ton humour, tes caresses.
Une base solide, puissante, comme l'amour que tu avais
pour moi,
(c'est un de tes vieux messages, ce vers là!)
Voilà ce dont j'ai besoin, contre ma maladresse,
Mes manières de toujours tout gâcher, comme ça, comme
avec toi.

L'absent, il faut que tu reviennes, maintenant.
L'absent, l'absent fais-moi rire,
Rends-moi heureuse comme avant, comme avant les
Ouragans.

L'absent, je t'en prie, fais-moi goûter au bonheur d'antan,
Les éclats de joie, les jeux autour du feu de camp.

L'absent, serre-moi fort dans tes bras,
L'absent, prends-moi encore la main sous les draps.

L'absent, l'absent reviens :
Amour je n'en ai pas besoin

Mais un peu d'amitié ferait grand bien.

Fantôme, Fantôme...
Tu hantes mon âme de poète..
Fantôme.. tu cognes fort dans ma tête,
Ma tête trop pleine de pensées et d'idées,
Toute pleine d'un cerveau trop gros que je voudrais arrêter.

Fantôme, repasse à nouveau
Fantôme, tes paumes sur ma peau
Fantôme pour que tu puisses chasser
Solitude, Nostalgie, Anxiété.

« Noir »

J'ai besoin de noircir des pages,
Les noircir de ma détresse, les noircir de ma rage.

Il faut que j'étale sur le papier
Le chaos de mon esprit, l'abondance de mes pensées.

Il m'est nécessaire de raconter
Ma vie brumeuse, les tourments de mon passé.

« Sourire de l'Ange »

26/07/2016

Je suis triste quand je ris,
Ce rire froid et meurtri.

« Le Génie »

30/07/2016

Il est vrai que j'ai beaucoup d'idées
Mais la chaleur de mon ampoule est telle qu'elle peut
aisément me brûler :
Les images dans ma cervelle s'enchaînent et me surchargent
de pensées,
Je n'ai jamais de répit, pas même la nuit, et m'en voilà
épuisée.

Mais est-ce que l'ampoule un jour s'éteindra enfin ?
Au moins quelques instants, me laissant l'esprit plus sain ?
Un jour peut-être l'ampoule va griller
Et je serai prise d'une folie avérée ;
Quand on me demandera quelle est ma maladie
Je répondrai
« Je suis peut-être un génie :
J'ai la manie de trop penser ».

« Coup de Fil »

03/08/2016

Jeudi,
Décroche le téléphone,
Je t'en prie :
Il faudra que je te donne
La note de mon test de Q.I.

Ce jour je voudrai
Entendre le son de ta voix
Alors que, peut-être, au bout du fil je pleurerai
En t'annonçant les résultats.

Et si tu ne sais que dire, alors tant pis !
J'écouterai ta présence au bout du fil,
Je sourirai, et puis
Je me ferai moins de bile.

Quoi qu'il advienne
S'il-te-plaît, fais cela :
Jeudi, console ma peine
Avec le son de ta voix.

« Prochain Hiver »

09/08/2016

J'ai regardé le ciel gris
Avec de l'appréhension :
« L'automne approche à pas de souris
Et me plongera en dépression ».

J'avoue, cependant, j'ai ris
À cette pensée morbide :
C'est seulement quand elle fût passée
Que je réalisai qu'elle était stupide ;
Car cette année est différente, en effet !
Pas besoin, pour l'hiver, de me faire de bile :
Je suis déjà tombée
Depuis le mois d'avril.

« Ton Retour ? »

11/08/2016

Je n'attends pas ton message, finalement :
J'attends que tu viennes,
Que tout redevienne comme avant.

« Je pensais être une inconnue... »

19/08/2016

Je pensais être une inconnue
Mais voilà qu'aujourd'hui
Je suis sortie de l'oubli :
On me reconnaît dans la rue.

« Tactiles et Câlins Anonymes »

21/08/2016

Je crois
Je crois que je suis accro
Au contact sur ma peau
Je crois que seules les étreintes
Sont capables de calmer mes plaintes.

C'est le toucher physique qui me dicte
Ma conduite,
Plus aucun doute : je suis addict
Je suis en manque
Je ne dors plus
Je me sens seule
C'est bien connu.

Je reprendrais bien ma dose
Si je le pouvais,
Jusqu'à frôler l'overdose
Mais je suis bloquée :
Il va falloir que j'ose
Avouer mes amitiés.

Alors donnez-moi de l'ocytocine :
C'est bien plus fort que la cocaïne,
Champignons, cannabis, héroïne
Alcool, cigarette,
Alors, je suis prête :
Je veux des frissons,

Que mes poils se hérissent,
Et toutes ces sensations
Des caresses qui glissent ;
Je veux goûter l'illusion
De flotter dans les airs,
Voilà mon addiction :
Je l'avoue, j'en suis peu fière.

« Cauchemardesque »

03/09/2016

Oh, aidez-moi, oh, pitié,
Je n'arrive plus à toucher
Le fond, pour remonter
À la surface, je vais me noyer.

Cette pieuvre m'envahit, je ne peux m'en débarrasser
Tandis que les enfants, touts petits, continuent de se
moquer.
Et cette explosion qui faillit tuer mon père,
Et ce démon maléfique qui terrorise mes repères.

Déportée pour résistance
Quand les SS perdent patience,
J'ai vu ma propre mort
Dans l'enfer de la paix qui dort.

Et quand mes dents pourrissent
Et quand mes dents jaunissent
Et quand mes dents tombent
Quand ma bouche est une hécatombe.

Nous sommes dans une grande ville
Pourquoi partez-vous sans moi ?
Me voilà seule, terrifiée et perdue
Et voilà que je me fais poursuivre par un inconnu.

Qui sont ces grands messieurs

Qui me menacent au couteau ?
Qu'ai-je fait de mal pour que
Leurs lames transpercent ma peau ?

Et s'accélère mon cœur
Quand mes anciens agresseurs,
Ceux qui m'ont traumatisée à vie,
Me poursuivent dans la nuit.

Le sommeil était mon refuge
Face à la réalité
Mais il n'est plus mon subterfuge
Face à mon Anxiété :
Métaphores ou événements,
Je ne sais plus quoi choisir,
Je me réveille en pleurant :
La réalité est bien pire.

« La Première Feuille d'Automne »

04/09/2016

La première feuille d'automne
Est tombée ce matin :
Mon ennui monotone
Reviendra dès demain.

La chaleur de septembre
Ne durera point,
Viendra avec novembre
Mon regard incertain.

La Mélodie d'Octobre
Résonnera sans fin,
Je serai mon opprobre
Comme chaque lendemain.

« Le Vilain Petit Canard »

10/09/2016

Comme un poussin délaissé sur son nid
Scrutant les grands cygnes étendre leurs ailes,
Triste et perdu, tout confus, sans ami,
Il se recroqueville et regarde le ciel.

Les grands nuages, tout nuancés de gris,
Comme le présage d'une déception cruelle,
Ils menaçaient d'apporter de la pluie
Et avec leur orage, l'ennui habituel.

Encore triste, étendue sur mon lit,
Mon âme d'artiste tourmentée, affaiblie,
De ma Solitude est accompagnée.

Invitation, pas pour le canari
D'être oubliée, j'en suis anéantie :
Je ne viendrai pas à votre soirée.

« La Beauté Intérieure »

21/09/2016

Je crois que je te trouve beau,
Tu es beau tout le temps,
Quoi qu'il arrive, n'importe quand ;

Tu es beau quand tu es malade,
Tu es beau quand tu te mouches,
Tu es beau quand tu fais le zoive,
Tu es beau quand tu louches.

Quelles que soient tes grimaces,
Ton acné, tes vêtements ou tes cheveux,
Malgré tous ces mots dégueulasses
Tu restes joli pour mes yeux.

« Mes Lèvres Saignent »

21/09/2016

Mes lèvres saignent
D'un manque d'amour violent,
D'un besoin sans retour
D'affection sans semblant.

« Ton Retour. »

21/09/2016

Je crois qu'un message
M'est parvenu de toi,
Un peu comme le présage
De ton retour.

Le Fantôme renaît
Et je lui fais confiance,
Moi aussi je pourrais
Revivre de mes cendres.

Le soleil apparaît
Et fait face à la lune
Dont la nuit s'en allait
Pour faire place au jour.

L'Ouragan s'est calmé
De toute sa fureur,
Il était apaisé
Grâce à ta nouvelle douceur.

Et puis ton image
Dans mes songes s'anime,
Calme tous mes cauchemars
Et leurs monstres terrifiants ;
Et les monstres réels, m'accompagnant,
En ta présence sont tous absents,
Leurs questions, leurs menaces

S'éloignent de quelques kilomètres,
Il n'y a plus que toi
Hantant mon âme de poète.

« Sujet d'Invention »

23/09/2016

Je pense qu'écrire n'est pas un exercice,
C'est un moyen de dire combien pèsent mes caprices
Et de faire couler au travers de ma plume
Mes larmes ravalées que Solitude consume.

« Tu es le seul pour qui j'ai envie d'essayer d'aller mieux »

25/09/2016

Quand je regarde le ciel
Je vois le bleu de tes yeux
Qui rallument ton étincelle,
Celle d'avant ton dernier adieu.

Fantôme, tu sors de ton cercueil,
Tu sais, je n'ai jamais fait mon deuil
Après t'avoir assassiné,
Et voilà que par miracle, te voilà ressuscité.

Nous savons tous deux que je ne suis qu'une artiste
anarchiste et défaitiste si utopiste que la première brise
m'attriste,
Que je ne suis pas faite pour le bonheur, que j'adore être
triste,
Que je suis trop perfectionniste
Et que je me conforte dans mes idées noires,
Mais je t'assure que si je me relève un jour je ne vais plus te
décevoir :

Je jetterai aux enfers ma parano et mon désespoir,
Je ferai de mon mieux pour éviter que ça foire,
J'éviterai de tout gâcher, je ne réécrirai pas la même
histoire.

« T.A.G »
(« Trouble Anxieux Généralisé »)

26/09/2016

J'ai peur de manger en public.
J'ai peur de regarder les gens dans les yeux.
J'ai peur d'avoir quelque-chose de coincé entre les dents.
J'ai peur qu'on se moque de moi.
J'ai peur de passer un appel téléphonique.
J'ai peur de tout gâcher.
J'ai peur de trébucher.
J'ai peur de demander service.
J'ai peur de te perdre.
J'ai peur d'être seule dans un lieu public.
J'ai peur d'écrire de mauvaises poésies, comme celle-ci.
J'ai peur du suicide.
J'ai peur de l'hiver qui arrive.
J'ai peur des Ouragans.
J'ai peur des gens.
J'ai peur d'avoir froid.
J'ai peur de dire bonjour au conducteur du bus.
J'ai peur d'arriver en retard.
J'ai peur de vivre.
Je suis anxieuse.

« Automne Fantomatique »

01/10/2016

Les derniers parfums d'été se sont enfuis
Avec le mois d'octobre et sa mélodie
Qui résonne dans un vieux disque rayé
Sur lequel l'Ouragan appréciait valser.

Le Fantôme et l'Ouragan,
Le Dauphin et la Licorne,
Le Yang et le Yin s'étant réconciliés,
L'automne et ses orages sont moins effrayants
Que les années passées.

« Géométrie »

01/10/2016

Quelque-chose ne tourne pas rond chez l'Ouragan,
Qui tournoie sur un vieux disque qu'il aime faire tourner,
Même s'il est sûr que son tourbillon n'a rien de très carré.
Ses pensées et cogitations forment quelque-chose d'abstrait,
Au final tout est difforme dans ses tourbillons d'excès.

« Hiver Rebelote »

04/10/2016

J'en ai assez
J'en ai assez d'être ici :
Assez d'être en vie
Dans cet univers
Où rien n'est fait
Pour me plaire.

Emmenez-moi
Dans mon utopie,
Bien loin des misères
Et des larmes, et du bruit,
Et du raffut dehors.

J'en ai assez des cauchemars,
Ils avaient disparu,
Mais avec Octobre et son brouillard
Ils sont réapparus.

Et j'en ai assez
De la pression exercée
Par les devoirs du lycée,
Et de mon esprit torturé
Et de mon Anxiété.

Tous les ans, c'est le même poème,
Celui qui dit que ma joie va périr,
C'est celui qui demande :

Laissez-moi dormir.

« 23 Poèmes à propos d'un certain Fantôme »
12/10/2016

J'aimerais bien, dans ton sac à dos
Glisser un de mes poèmes
Pour que tu puisses le lire
Sans que ça pose de problème.

Il y a trop de mots
Qui pèsent et cognent fort
Et se répètent dans ma planète,
Il faut que ça sorte en-dehors,
Ça m'embête.

« Message d'un Fantôme », il t'accuse
et « C.A.L.L » abandonne,
23 poèmes et tu restes ma muse...
..Il faut vraiment que je te les donne.

Alors « Le Mot », mais il te laisse tomber,
« Aperçu d'un Souvenir Manqué », pour la jalouser,
Ta nouvelle amoureuse, avant de la quitter.

« Accusé de Réception », je pensais que c'était terminé
Et que plus jamais
Tu ne cognerais dans mes pensées.
Mais « La Gourmette » est venue
Pour dire que finalement
Tu n'avais pas disparu
De ma palette d'attachement.

Alors j'ai été nostalgique, et j'ai évoqué « La Vieille
Époque »,
Parce-qu'encore aujourd'hui, souvenirs se disloquent,
« Hyperémotive », j'avais besoin de toi
Et « L'Orage », on s'agaçait l'un l'autre dans nos débats.

« Aimer au Conditionnel Présent »
Car je voulais conjuguer
La grammaire de mes sentiments
Et encore détester
Ta compagne et tout ce qu'elle avait de séduisant.

« Ton Poème », il parle bien d'elle encor !
Mais aussi et surtout de mes rendez-vous psy
Où tu n'allais pas me soutenir, vu que tu étais toujours mort,
Mais j'avais si besoin de toi en ces temps-ci.

Et je pleurais, pleurais « Sans Rien » qui venait de toi
Parce-que cela faisait trop longtemps que tu étais parti
Et que mon ego, tout fragile, envolé
Me faisait regretter.

Et puis, j'allais passer mon test de « Q.I »,
Je voulais savoir comment avais-tu vécu le tien
Puisque c'était bien toi, l'hypothèse ayant émis
Il y longtemps de cela, que mon cerveau aussi était malin.

Ne pouvant pleurer sur « L'Épaule » que tu m'avais offert,
Je n'avais plus que ma Solitude pour me soutenir
Et tenter de faire fuir l'Anxiété qui m'a tant fait souffert

Mais elle ne le faisait pas aussi bien que ton sourire.

Et puis, me suis-je rendue compte que nous étions complémentaires,
Toi le bonheur, moi la mélancolie, « Yin Yang » dur comme fer
Toi le Fantôme, moi l'Ouragan, toi le Dauphin, moi la Licorne
Et toi dans l'été tout serein et riant, et moi tout l'hiver anxieuse le visage morne.

C'est finalement avec « Point de Visites » prévues
Que je partis à l'hôpital,
Tu m'avais assurée la tienne, alors je fus déçue,
Mais je sais que tu serais venu
Si tu avais pu.

Tu étais « Absent », il fallait que tu reviennes,
Tu m'avais assez manqué, je m'étais assez recueillie près de ton cercueil,
J'en avais assez de ne jamais finir mon deuil.

Toujours à l'hôpital, je devais te passer un « Coup de Fil »,
2 ans d'anniversaire échoués, il fallait que je puisse t'appeler,
Ce jour là, les résultats allaient peut-être tomber
Et je ne me sentais pas capable de les affronter sans t'entendre depuis l'asile.

Quelques temps plus tard, allais-je assister à « Ton Retour ? »

Je devins moins exigeante et jetai derrière moi ton message
Avant qu'il ne me parvienne finalement, m'annonçant « Ton
Retour »
Et celui de ton amitié et ton soutien et ton partage.

Et puis ton visage
Que je trouvais si beau,
Car « La Beauté Intérieure »
Mieux vaut.

Mais aujourd'hui, tu sais, « Tu es le seul pour qui j'ai envie
d'essayer d'aller mieux »,
Car je veux te prouver que je peux changer
Et que l'Ouragan peut se calmer,
Cesser de tout ravager,
Et notre amitié en particulier.

Cet « Automne Fantomatique » s'annonce connoté
'bittersweet'
Maintenant que tu es là, il devrait bien se passer
Même si dans la dépression, je suis déjà tombée.

Alors quel poème glisser
Dans ton sac à dos ?
Lequel pour enfin prononcer
Mes lourds, si lourds mots ?

Après tout, pourquoi pas celui-ci,
Et qui sait, peut-être que tu le lis
Et que je suis démasquée,
Après-tout ne t'ai-je jamais dit

Que face à toi je suis encore intimidée ?

Tout est si évident quand on lit mes poèmes
Sans recul, en nous connaissant tous deux,
Il est obligé que l'on ne sait pas peu
Quelle est ton identité, ton prénom
Que je continue à taire
Dans mes vers.

Alors, si tu lis, Fantôme,
Eh bien, c'est un peu gênant,
Un peu comme les blancs
Dans les conversations.

Je pense qu'il serait bon
Que je m'arrête là,
J'écrirais sans fin, si je le pouvais,
À propos de toi.

« Crayon de Bois »

17/10/2016

Crayon d'Acier, crayon de bois,
Cassable, cet outil est trop délicat,
Mal conçu,
Mais qui est-ce donc qui l'a fichu ?

L'Ouragan, comme d'habitude,
Emporté par la mélodie d'octobre,
Sa dépression, sa lassitude,
Sa valse est un véritable opprobre.

Crayon cassé, crayon à moi,
Foutu en l'air quand il dansa,
Je laisse tomber
Tous mes projets.

« Indécise »

24/10/2016

La gauche ou la droite,
Le milieu, oui, non, peut-être,
Je ne sais pas, je ne suis pas très adroite
Pour faire des choix avec mon mal-être.

Vais-je tout gâcher à nouveau ?
Comme il y a deux ans, avec ma parano ?
Vais-je encore saisir tubes et pinceaux
Et peindre, au sommet d'un arbre, un corbeau ?

Je n'y comprends plus rien
Et tout est confus,
Je ne vais jamais bien,
Je suis toujours déçue.

Et je perds la mémoire,
J'ai souvent des oublis,
Tout semble dérisoire,
Tout s'écroule, toute la vie.
Je n'ai plus la notion du temps :
Quel jour on est, déjà ?
C'est dans combien de temps qu'il y a tel événement ?
Et, oh, Anxiété, pourquoi ?
Laisse-moi maintenant,
Ça suffit,
Et emporte avec toi Solitude, Traumatisme et Nostalgie,
Partez loin, toutes les 4,

Arrêtez de me suivre partout, toujours derrière mon dos,
Toujours présentes pour me battre
Avec vos questions, sentiments, flashbacks et souvenirs qui
me brûlent comme du fer à chaud.

Fantôme, mais diable que penses-tu de moi ?
L'Ouragan enragé dans sa valse, impossible à dompter,
La Licorne aux rêves de création et d'exploit,
Le Yin tout habillé de noir qui cherche le soleil d'été.

Fantôme, si je puis me permettre, ne me laisse pas tomber,
S'il-te-plaît, je suis sérieuse, j'ai besoin d'amitié,
Fantôme ne retourne pas dans ta tombe,
J'ai assez pleuré de toi, ne me descends pas aux catacombes
Du Yin perdu scrutant la lune qu'on ne lui avait pas
décrochée,
Dansant seul au son d'un vieux vinyle rayé.

J'en ai assez, pourquoi la dépression revient-elle chaque
année ?
Pourquoi le diagnostic est-il si lourd ?
Pourquoi m'est-il si difficile de percevoir le jour ?
Fantôme, toi qui ne connaît le malheur,
Montre-moi comment toucher les jours meilleurs.

« Je me rappelle l'année dernière »
24/10/2016

Je me rappelle l'année dernière
Quand le Pyromane était pour moi quelqu'un d'important,
Quand je l'appelais le soir, tard, n'importe quand
Pour pleurnicher sur son épaule à un kilomètre ou deux.

Je marchai dans la rue et je sentis une odeur de feu de bois,
Je pensai à la couleur orange qui cette année ne me rappela
pas
Ni deux-mille-quatorze juillet ni été ni quelconque Bûcher,
Mais seulement les feuilles que les arbres pleuraient
Au dessus de moi.
Dans cet automne fantomatique

Le Fantôme étant revenu
Il chasse mes anges déchus.
Le Fantôme pour chasser
Ma Solitude et ma sale Anxiété
A prit du temps pour m'appeler
Et des ordres d'ordre social m'a donné
Pour m'obliger à profiter.

L'année dernière
Tout était gris mais si doux,
Doux, et de rubans et foulards colorés,
Bohème au festival, couverte de mille bijoux,
L'appartement trop mais si bien décoré,
Mille horloges, mille posters accrochés,

Les murs, les armoires, tous si bien chargés.

L'année dernière,
Le Pyromane avait enflammé ma cage thoracique
De flammes immenses comme celles qui éclairaient la nuit
où je l'avais rencontré
Et quelques mois plus tard, voilà que m'apparaît de manière
logique
Une révélation : le Pyromane est un mensonge !
Irréel et impossible, n'apparaît que dans mes songes,
Pyromane mythomane tu n'es pas celui que je croyais.

Le Fantôme célibataire
Pour soigner mon âme solitaire,
Revit et m'emmène
Partout où le bonheur traîne,
Où il rode et s'amuse
S'insoucie et abuse,
Et la jeunesse, et l'ivresse,
Et le rire, et la bonne paresse
Et la fête, et la musique
Et tout ce qui me sert
D'anxiolytique.

Fantôme, merci.

« Nouveau Novembre »

01/11/2016

Le mois de novembre cette année
S'est levé prometteur et ensoleillé,
Sans Solitude, ni Nostalgie, sans Anxiété,
Le Fantôme a chassé le brouillard des années passées.

© 2018, Camomille
Edition : Books on Demand,
12/14 rond-Point des Champs-Elysées, 75008 Paris
Impression : BoD - Books on Demand, Norderstedt, Allemagne
ISBN : 9782322085101
Dépôt légal : février 2018